S. FISCHER

Édouard Louis
Ken Loach

Gespräch über Kunst und Politik

Aus dem Französischen
von Hinrich Schmidt-Henkel

S. Fischer

Aus Verantwortung für die Umwelt hat sich der S. Fischer Verlag zu einer nachhaltigen Buchproduktion verpflichtet. Der bewusste Umgang mit unseren Ressourcen, der Schutz unseres Klimas und der Natur gehören zu unseren obersten Unternehmenszielen.

Gemeinsam mit unseren Partnern und Lieferanten setzen wir uns für eine klimaneutrale Buchproduktion ein, die den Erwerb von Klimazertifikaten zur Kompensation des CO_2-Ausstoßes einschließt.

Weitere Informationen finden Sie unter:
www.klimaneutralerverlag.de

MIX
Papier aus verantwortungsvollen Quellen
FSC® C014496
FSC www.fsc.org

Erschienen bei S. FISCHER

Die Originalausgabe erschien 2021 unter dem Titel
»Dialogue sur l'art et la politique« bei
Presses Universitaires de France (PUF) / Humensis, Paris

Satz: Fotosatz Amann, Memmingen
Druck und Bindung: GGP Media GmbH, Pößneck
Printed in Germany
ISBN 978-3-10-397173-6

DIALOG I

Arbeit und Gewalt

ÉDOUARD LOUIS: Ich möchte gern mit einer Annäherung und einer Frage beginnen. In meinem Buch *Wer hat meinen Vater umgebracht* habe ich versucht, das Leben meines Vaters zu rekonstruieren, mein Vater hat nämlich mit ungefähr 35 Jahren in der Fabrik, wo er angestellt war, einen Arbeitsunfall erlitten. Ein schwerer, an Kabeln aufgehängter Gegenstand stürzte auf ihn herab und zerschlug ihm den Rücken. Nach diesem Unfall musste er mehrere Jahre lang immobilisiert werden, er bezog eine Invalidenrente, bis zu dem Tag, da der französische Staat beschloss, er könne jetzt wieder arbeiten, sei dazu wieder imstande – dabei sah ich, wie er sich wegen der Unfallfolgen nachts immer noch vor Schmerzen wand. Nur waren in Frankreich ganz einfach die Voraussetzungen für eine Invalidenrente oder Sozialhilfe härter geworden, die Regierung hatte beschlossen zu »sparen« … Ab dem Moment, wo mein Vater wieder als arbeitsfähig angesehen wurde (nach welchen Kriterien eigentlich?), saßen ihm also die Behörden im Nacken und drängten ihn, Arbeit zu suchen; es hieß, »entweder finden Sie eine Anstellung, oder Ihnen wird ihre jämmerliche Rente gestrichen«, mit anderen Worten, entweder Sie sterben hungers, oder Sie sterben an der Arbeit, als gäbe es nur diese Alternative für die Beherrschten: sterben oder sterben. In der Tat habe ich das Buch teilweise unter dem Einfluss deines großartigen Films *Ich, Daniel Blake* geschrieben, in dem ein Mann von der englischen Verwaltung dazu getrieben wird, Arbeit zu suchen, um jeden Preis, trotz seiner zerrütteten Gesundheit, da der Staat sich umfänglich aus der Verantwortung ziehen und einem arbeitsunfähigen Mann wie ihm kein Geld mehr zahlen will. Man ruft ihn an, man verlangt Nachweise über seine Bemühungen bei der Arbeitssuche, man bestellt ihn ein …

Alles bringt mich auf den Gedanken, dass dein Film von gesellschaftlicher und politischer Verfolgung handelt. Ich stelle fest, dass die Beherrschten häufig die Sprache der sozialen Exklusion übernehmen; man redet von den »Ausgeschlossenen«, von der »Gewalt der Exklusion«, aber wenn man das

Leben meines Vaters oder das von Daniel Blake betrachtet, ist doch frappierend, in welchem Ausmaß diese Leben von Verfolgung geprägt werden, nicht nur von gesellschaftlicher Ausgrenzung, auch wenn beide Mechanismen Hand in Hand gehen können. Ist vielleicht am Ende der Zweck der Herrschaft die Verfolgung, noch sehr viel mehr als der Ausschluss? Wenn man Ausschluss in dem Sinn versteht, dass man sich selber absondern kann, ein Land verlassen, sich zurückziehen, ein politisches Regime verlassen kann, dann ist das häufig ein Privileg, so geringfügig es auch sein mag. So weiß man ja, dass die Migranten, die aus Kriegsgebieten fliehen, häufig zur Mittelklasse gehören oder selbständig arbeiten, also zu denjenigen gehören, die es sich leisten können, den Schleusern mehrere tausend Euro zu zahlen, das sind also nicht unbedingt die Ärmsten. Betrachtet man das Leben Schwarzer Personen in Frankreich oder Amerika und das Ausmaß der Polizeigewalt und Justizgewalt, die sie erleiden, so wird klar, dass sie noch viel mehr unter Verfolgung als unter Exklusion zu leiden haben. Glaubst du nicht, dass man die traditionelle politische Sprache umformen müsste, um vielleicht die Vorstellung der Verfolgung in den Mittelpunkt zu stellen, wenn man die Mechanismen der gegenwärtigen Politik analysieren möchte?

KEN LOACH: Das ist eine schwierige Frage. Ich finde es sehr gut beobachtet, und ich glaube, die Antwort muss zunächst eine ökonomische sein. Die Art der Arbeit hat sich gewandelt. Es gibt immer mehr prekäre Beschäftigungsverhältnisse, die meisten davon wirklich extrem schlecht bezahlt, die Unternehmen verfügen über zahlreiche Möglichkeiten, den Mindestlohn zu unterlaufen. Die Leute sind gezwungen, sehr harte Arbeit für einen sehr schlechten Lohn anzunehmen. Und dazu bringt man sie unter anderem, indem denen, die keine Arbeit haben, klargemacht wird, dass es ihnen richtig schlecht ergehen wird. Auch wenn sie aus Krankheitsgründen oder wegen einer Behinderung nicht arbeiten können, wird eine Situation geschaffen, in der eine erniedrigende und jämmerlich bezahlte Arbeit noch erträglicher ist, als unterhalten zu werden, unterhalten und unterstützt von … von uns allen. Denn es wird ja behauptet, der Staat sei hier im Spiel, aber in Wirklichkeit sind es ja wir alle, es müssten wir alle sein, oder? Wenn wir als Gemeinschaft leben, müssen wir aufeinander achten, wenn manche von uns sich in einer schwierigen Situation befinden. Ich glaube, in Frankreich ebenso wie in England ist das Sozialsystem mittlerweile auf Bestrafung aus. Um es zu nutzen, muss man fünfunddreißig Stunden pro Woche eine Anstellung suchen, die es nicht gibt. Wenn du es nicht tust, wirst du bestraft, und zwar wirst du bestraft, indem du kein Geld mehr kriegst. So häufst du Schulden an. Dann kannst du deine Miete nicht mehr zahlen. Dann fliegst du aus deiner Wohnung. Und die Drohung, all das erleben zu müssen, ist so entsetzlich, dass du eine prekäre, schlecht bezahlte Arbeit annimmst, nur einfach, um dich nicht dieser Situation auszusetzen. In all dem liegt Grausamkeit. Ich meine bewusste Grausamkeit. Denn sie, diejenigen, die Entscheidungen treffen, wissen, wie die Leute leben ... Es hat da einen Fall gegeben ... Oh! Ich könnte ewig darüber sprechen ...

ÉDOUARD LOUIS: Das solltest du!

KEN LOACH: Die Geschichte eines 65-Jährigen in Wales, das hat sich in einer Arbeitsagentur ereignet, sein Arzt hatte ihm gesagt, er könne nicht mehr arbeiten, aber er wurde dazu gezwungen. Eines Tages brach er zusammen, tot. So was passiert jede Woche, jeden Monat, Tag um Tag. Wer hätte gedacht, dass in so reichen Gesellschaften wie den unseren der Hunger immer noch als Waffe benutzt werden kann? Die Angst vor dem Hunger und das Risiko, Hunger zu leiden … Wenn ich nur daran denke, wie viele gemeinnützige Organisationen entstehen, die Nahrungsmittel verteilen … Zwei Drittel der Stellen, an denen das passiert, werden in England von einer Organisation namens Trussell Trust gemanagt. Jüngst hat sie 1,6 Millionen Pfund an die gemeinnützigen Tafeln ausgeschüttet, mehr als eine halbe Million wurde für die Speisung von Kindern eingesetzt. Hungernde Kinder? Im Ernst? Wir leben unter Regierungen, die für die Menschen nur noch restlose Verachtung übrig haben.

ÉDOUARD LOUIS: Ja, und wie du es sagst, diese Verachtung tötet. Die Politik ist eine Frage von Leben und Tod, eine Frage von Mord. Einer bestimmten sozialen und politischen Schicht anzugehören entscheidet tatsächlich darüber, ob man einen frühzeitigen Tod erleiden muss oder nicht. In Frankreich sterben Arbeiter doppelt so häufig vor dem Erreichen des 65. Lebensjahres wie Beamte, LGBT-Personen nehmen sich sehr viel häufiger das Leben als andere, täglich sterben Frauen durch Männergewalt … Wahrscheinlich gibt es keine effizientere Methode, um die Funktionsmechanismen der Welt abzubilden, als eine Buchhaltung des Todes. Und das Erstaunlichste: Die Regierenden wissen diese Dinge, sie lassen sich ja nicht übersehen. Es ist allgemein bekannt, dass Arbeiter unter schwierigen Bedingungen leben, allgemein bekannt, dass es männliche Dominanz gibt oder dass die große Mehrheit der Schwarzen und Araber in Frankreich zur Armut verurteilt ist, zum Leben in den Vorstädten, zur Prekarität, der Polizeigewalt ausgesetzt. Die Frage ist also nicht, ob die Regierenden davon wissen, sondern: Warum regieren sie so, wo sie es doch wissen? Und wie dahin gelangen, dass dieses Wissen – das Wissen um das Leid – in Handeln umgesetzt wird, in Transformation? In *Wer hat meinen Vater umgebracht* schreibe ich über die Herrschenden, »Sie haben keine Ahnung«, aber ich glaube, da habe ich mich geirrt. Natürlich haben sie eine Ahnung, da hast du völlig recht, alle wissen Bescheid, man braucht nur die Metro zu nehmen oder über die Straße zu gehen, um die gesellschaftliche Gewalt und die wirtschaftliche Ungleichheit zu sehen. Die zentrale Frage der Politik ist vielleicht nicht die von Wissen oder Sichtbarkeit, sondern, wie Geoffroy de Lagasnerie es sagen würde, die Frage von Leugnung und Gewalt. Angesichts dieses Befundes muss man doch wütend werden, oder? Wie soll man in aller Gemütsruhe über Politik sprechen angesichts dieses Befundes?

KEN LOACH: Ich glaube, der politische Raum wird vor allem dadurch vergiftet, dass die Probleme, denen die Leute im Alltag begegnen, im öffentlichen Diskurs überhaupt nicht mehr vorkommen. Es ist wie eine Propagandamaschine, unsere Medien tragen dazu bei, früher gab es in einem Land wie England noch eine Art linker Presse, die ist jetzt alles andere als links. Aber ich glaube, in Büchern und anderen Schriften, auch in deinen Büchern, kann man die Stimme erheben. Diese Stimme müsste in unseren Massenmedien zu Wort kommen, sie müsste im Fernsehen ertönen, aber dort ist von solchen Stimmen wie deiner nichts zu hören, oder wenn das mal der Fall ist, wird es gleich mit einer Art Warnhinweis versehen. So ergeht es Leuten wie uns, unsere Wortmeldungen werden systematisch mit Warnhinweisen versehen.

ÉDOUARD LOUIS: Da gibt es noch etwas, worüber ich gern mit dir reden würde, denn wir sind da vielleicht nicht einer Meinung … Wie du weißt, habe ich vor allem über die Situation im postindustriellen Nordfrankreich geschrieben, über ein kleines Dorf, dessen Bewohner alle oder fast alle, vor allem die Männer, in der örtlichen Fabrik arbeiteten, bis die geschlossen oder verlagert wurde … Während meines gesamten ersten Lebensabschnitts habe ich gesehen, wie die Männer unter der Fließbandarbeit litten, völlig erschöpft nach Hause kamen, mit schmerzendem Kreuz und Gelenken, gebeugt durch die mechanische Wiederholung immer derselben Bewegungen am Fließband … Wenn ich heute in Reportagen oder Artikeln von der Schließung einer Fabrik lese, verspüre ich unwillkürlich eine gewisse Erleichterung, fast Freude, eine widersprüchliche, aber eben doch Freude. Im Grunde kann ich die Vorstellung, dass Leute in einer Fabrik arbeiten, nicht ertragen – übrigens weiß man heute, dass es noch nie so viele Fabriken auf der Welt gegeben hat wie jetzt, nur sind die meisten verlagert worden, vor allem nach Asien, es hat nie wirklich eine Deindustrialisierung gegeben, eher eine Verschiebung … Natürlich sehe ich, wogegen die Leute protestieren, wenn ihnen eine Fabrikschließung droht: Die Arbeiterinnen und Arbeiter fürchten, auf der Straße zu stehen, ohne Arbeit, es drohen Prekarität und Armut, und das empört mich natürlich … Aber ich frage mich, ob man eine solche Situation nicht politisch neu einordnen und sagen müsste: Wie kann und muss der Staat sich gestalten, um diesen Leuten, die ihre Arbeit verlieren, eine Kompensation zukommen zu lassen? Sich weniger mit dem Überleben der Industrien beschäftigen und viel eher mit der Vermögensverteilung und der Pflicht zur sozialen Unterstützung … Manche Ökonomen zeigen heute, dass wir dank der Automatisierung und des technologischen Fortschritts in Gesellschaften leben könnten, in denen die Einzelnen weniger arbeiten: Man könnte auch auf die Arbeit der Roboter Steuern erheben, Steuern auf Kapital und Marktbewegungen … Ich fühle mich denjenigen, die an der

Zerstörung des sozialen Netzes arbeiten, ebenso fern wie jenen, die immer nur sagen, »die Fabriken und Arbeitsplätze müssen gerettet werden«, denn ich wünsche niemandem, in einer Fabrik arbeiten zu müssen. Ich habe Leute gesehen, deren Körper von dieser Arbeit zerstört waren, und darum ist sie für mich, ich kann es nicht anders denken, eine überkommene Art von Arbeit ... Könnte man sich nicht ein gesellschaftliches Projekt zur Abschaffung der Wertigkeit von Arbeit vorstellen?

KEN LOACH: Ja, aber ich glaube, da sind zwei Dinge zu unterscheiden. Erstens will niemand eine gefährliche oder schmutzige Arbeit ausüben, oder eine ausbeuterische. Zugleich aber gibt es da einen natürlichen Instinkt, etwas, das uns ein Engagement für die Gemeinschaft erlaubt, nämlich indem jede und jeder etwas zu dieser Gemeinschaft beiträgt. Alle gehören dazu, alle spielen wir eine Rolle darin. Und das verschafft uns allen eine Art von Respekt und auch Selbstwertgefühl, eine Art Stolz: Hier, das ist mein Beitrag, mein Hiersein hat einen Sinn, ich habe eine Funktion. Ich glaube, das ist sehr wichtig.

ÉDOUARD LOUIS: Aber es könnte ja andere Quellen der Selbstverwirklichung und Wertschätzung geben als diejenigen, die traditionell Arbeit genannt werden.

KEN LOACH: Absolut!

ÉDOUARD LOUIS: Man könnte zum Beispiel an Leute denken, die Musik oder Literatur erschaffen, oder einen Fußballverein aufbauen, oder Tanzkurse, oder an Leute, die für sich selbst tanzen, und all das wäre ja umso eher möglich, je weniger wir arbeiten würden …

KEN LOACH: Ja, absolut.

ÉDOUARD LOUIS: Aber all das wird jedenfalls meistens von den Staaten nicht als höherwertig anerkannt …

KEN LOACH: Ja, einverstanden. Aber was mit dem englischen Bergbau passiert ist, ist ein klassisches Beispiel für all das. Die Arbeit unter Tage war wirklich schmutzig und gefährlich, ganz exemplarisch.

Du siehst es vor dir, jeden Tag acht Stunden tief unter der Erde. In der Familie meines Vaters waren alle Bergmänner. Schon mein Großvater war Bergmann. Und das ist keine Arbeit, die man seinen Kindern wünscht … Aber sie haben phantastische Gemeinschaften geschaffen! Dann wurden gegen Ende der 80er und in den 90er Jahren die Zechen geschlossen, als Thatcher manifest gegen die Bergleute arbeitete, um sie sich vom Hals zu schaffen, wegen ihrer Wirkmacht und der traditionellen Schlagkraft, von der sie sich bedroht sah, und danach hat man diese Gemeinschaften verkümmern lassen. Würden wir heute in korrekten Gesellschaften leben, würde darin investiert, diesen Leuten neue Funktionen zu geben. Man würde sie nicht ohne alles sitzen lassen, ihre Gemeinschaften würden Schutz genießen. Stattdessen passiert im Kapitalismus dies: Okay, das Kapital ist nicht zu retten, wir gehen weg, das Geld wird abgezogen und woanders investiert, ganze Gemeinschaften werden im Stich gelassen.

ÉDOUARD LOUIS: Zugleich kann man die Gemeinschaft aber nicht als einziges Ideal hinstellen, Gemeinschaften können problematisch sein, per Definition, sogar toxisch. Wie hat wohl ein queeres Kind sein Aufwachsen in diesen Gemeinschaften von Bergleuten erlebt, von denen du sprichst? Wurde es von der Gemeinschaft beschützt? Da wäre ich nicht so sicher … Wie sieht das Leben eines jungen Schwulen aus, der heute in einer Wohnstadt oder im ländlichen Raum in Frankreich aufwächst? In diesen Schichten kann es auch sehr harte männliche Dominanz geben. In meiner Kindheit habe ich Frauen wie meine Mutter oder meine Schwester gesehen, die sehr darunter zu leiden hatten, meine Schwester hat von mehreren Männern körperliche Gewalt erlitten. Für die Frauen ist die Gemeinschaft – implizit gemeint: die heterosexuelle Gemeinschaft – häufig das Prinzip der Unterdrückung. Dem Schulkind, das ich war, wäre es in diesem Arbeitermilieu sehr viel lieber gewesen, wenn die Gemeinschaft weniger präsent gewesen wäre. Und zugleich verstehe ich, was du sagen willst, in der Tat hat die gegenwärtige Politik nicht nur die Gemeinschaften kaputt gemacht, sondern damit auch gleich die Gewerkschaften, eine sehr wichtige linke Kultur, die den Ärmsten die Möglichkeit gab, sich politisch zu organisieren, und jetzt sind sie isoliert, ohne Verbindungen, ohne gemeinsame berufliche Kultur. Worin soll die Lösung bestehen? Wie soll ihnen die politische Organisation wieder ermöglicht werden, ohne jede Nostalgie? Gar nicht so einfach, genau wie das, was wir eben über die Fabriken gesagt haben. Wenn ein Arbeiter zu mir sagt: »Aber ich will doch in der Fabrik weiterarbeiten«, kann ich ihm dann antworten: »Nicht doch, die Fabrik bedeutet Entfremdung und Gewalt, das kannst du nicht wollen«? Wer soll für einen anderen entscheiden, was Gewalt ist? Es gibt keine einfachen Antworten.

In der Frage der Gemeinschaften bieten sich in unseren modernen Zeiten vielleicht Auswege. Das Internet beispielsweise könnte dabei behilflich sein, frei gewählte Gemeinschaften aufzubauen anstatt erzwungene: Wer in einem kleinen, isolierten Dorf lebt, kann via Internet Verbindungen mit der schwulen Gemeinschaft knüpfen oder mit Leuten, die ähnliche Interessen haben, das war in den 60er und 70er Jahren ja sehr viel schwieriger ... Ich verstehe, von welcher Gewalt du sprichst, wenn du sagst, der Kapitalismus zerstört die Gemeinschaften, aber zugleich will ich als Individuum das Recht haben, meine Gemeinschaft zu verlassen oder mich ihr zu verweigern, wenn ich es will, und vielleicht hat gerade die Digitalisierung all das möglich gemacht …

KEN LOACH: Ja, das ist eine zutreffende Beobachtung. Allgemein glaube ich, die Leute sind heute toleranter als in der Vergangenheit, und zeitgenössische Kommunikationsformen wie das Internet haben insgesamt den Horizont erweitert. Aber ich glaube, die Leute sind vor allem dann weitherzig, wenn sie sich in Sicherheit fühlen. Und intoleranter, wenn sie dieses Gefühl nicht haben. Ob jetzt in einem urbanen Kontext oder auf dem Dorf, ich glaube, der Geist der Großherzigkeit fußt auf einem Gefühl der materiellen Sicherheit.

ÉDOUARD LOUIS: Ja, gibt es aber nicht auch regelrechte ideologische Mechanismen – Rassismus, männliche Dominanz –, die nicht von den materiellen Arbeitsbedingungen abhängen? Liegt es wirklich an der Sicherheit und den Lebensbedingungen? Mit dem, was du zum Verunsicherungsgefühl und seinem Einfluss auf das Verhalten sagst, hast du aber natürlich recht. Ich glaube, das ist ein komplexes Phänomen, das du mit deinen Filmen sichtbar machst, nämlich wenn Leute unter schwierigen und gewalthaften gesellschaftlichen Bedingungen leben, wenn sie einer Form gesellschaftlicher Gewalt ausgesetzt sind, die unablässig auf sie einwirkt, dann entwickeln sie häufig – nicht automatisch, aber häufig – selbst eine Form von Gewalt, oder zumindest von Aggression den anderen gegenüber. Was du hier über Verunsicherung und die materiellen Daseinsbedingungen sagst, scheint mir übrigens auch wichtig, um sich von den beiden traditionellen Stereotypen zu lösen, mit denen sowohl in den Medien als auch in der Kunst oder in der Politik über die Arbeiterklasse gesprochen wird: Auf der einen Seite ist da eine reaktionäre, rechte Perspektive, in der die Armen als – kurz gesagt – gefährlich, aggressiv, faul dastehen (und sämtliche Reformen, die auf Verfolgung hinauslaufen, werden mit diesem Diskurs gerechtfertigt), und auf der anderen Seite gibt es einen angeblich linken Blick, mit dem die Armen als authentisch, lebensfroh, zutiefst gutmütig und großzügig gesehen werden. Ganz ähnlich wie die beiden Perspektiven, die zur Zeit der Kolonisierung die europäische rassistische Wahrnehmung geprägt haben: Die Kolonisierten waren entweder gefährliche, gewalttätige Wilde oder aber der Gute Wilde, authentisch, mit einem großen Herzen, usw. Diese beiden angeblich entgegengesetzten Perspektiven sind in Wahrheit das, was Pierre Bourdieu als »Gegner und Komplizen« bezeichnet hätte: Sie tun so, als wären sie gegeneinander gerichtet, in Wirklichkeit aber bilden sie eine einzige geschlossene Denkstruktur. Es ist frappierend, dass diese beiden komplizenhaften Perspektiven, hier der gefährliche Wilde, da der Gute Wilde, immer noch die Art und Weise weitgehend definieren, wie die Beherrschten im öffentlichen Diskurs dargestellt werden – vor allem die Armen, aber nicht nur sie. Was ich in meinen Büchern zu zeigen versuche und was in deinen Filmen sehr präsent ist: Wie unablässig auf die Einzelnen einwirkende Gewalt sie dazu zwingt, diese Gewalt zu reproduzieren, als wären sie ihr leitendes Medium, als würde die Gewalt nicht zu den einzelnen Personen gehören, sondern vom einen auf den anderen übergreifen … Will sagen, die Männer und Frauen der Arbeiterklasse sind weder eingefleischt gewalttätig noch eine Art authentische Engel (das war die Sichtweise des sozialen Realismus!), sondern die Gewalt, die diese Schichten durchdringt, ist eine verlängerte, perpetuierte Gewalt, sie hat ihren Ursprung in der Klassengewalt. Jemand, der über Homophobie oder Rassismus der Arbeiterklasse spricht, stigmatisiert damit nicht diese Klasse, wie es mir nach der Veröffentlichung von *Das Ende von Eddy* oder *Im Herzen der Gewalt* vorgeworfen wurde, sondern zeigt vielmehr, wie die Beherrschten doppelt zu Opfern der Gewalt werden: Erst, wenn sie sie erleiden, und dann, wenn sie gezwungen sind, sie zu reproduzieren (was nicht heißen soll, dass das systematisch wäre, dass es jedes Mal so wäre oder dass es in anderen gesellschaftlichen Schichten keinerlei Gewalt gäbe, denn die gibt es, wenn natürlich auch aus anderen Gründen!). Wir müssen die gesamte Sicht darauf, was Gewalt ist, erneuern. Ich glaube, diese Gesetzmäßigkeit der perpetuierten Gewalt ist eine soziologische Regel, die auch auf individueller Ebene zu beobachten ist: Alle haben das mindestens einmal erlebt: Du kommst müde von der Arbeit nach Hause, du bist erschöpft, bist aggressiv zu einer Person, die du liebst. Später bereust du das und denkst, »Warum war ich bloß so aggressiv?«, denn dir wird klar, dass du hier von einer Form der Aggressivität, der Gewalt ergriffen warst, die gar nicht dein Eigen ist, dass diese Gewalt deinen Körper wie ein leitendes Medium benutzt hat.

KEN LOACH: Ja genau. Ich meine, das kommt doch alles vom Stress, oder? Bei der Arbeit müssen wir ein Lächeln aufsetzen, wir befinden uns in der Öffentlichkeit, müssen den anderen ein öffentliches Gesicht präsentieren. Wenn wir nach einem langen Arbeitstag nach Hause kommen, brauchen wir dieses fremde Gesicht nicht mehr zu zeigen, in diesem Moment kommt der ganze Druck zum Tragen, genau in diesem Moment. Für den Film *Sorry We Missed You* haben mein Team und ich mit prekär Beschäftigten gearbeitet, mit Leuten, die zwölf Stunden pro Tag ohne jede Pause ihren Lieferwagen fahren müssen, um auch nur den Mindestlohn zu erhalten. Wir haben uns auch mit Menschen in Pflegeberufen ausgetauscht, Krankenschwestern und so, die sich in derselben Situation befinden, und mit vielen anderen, für die das ebenfalls zutrifft … Dieser ökonomische Stress, dieses »Ich muss genug Geld verdienen, muss diese Woche so viel arbeiten wie möglich«, führt dazu, dass du, wenn du am Ende der Woche nach Hause kommst, keinerlei Geduld mehr mit den Kindern oder der Familie hast, du hast deine Kinder die ganze Zeit nicht gesehen, und der Stress entsteht aus diesem ununterbrochenen ökonomischen Druck, denke ich.

ÉDOUARD LOUIS: Es müsste doch möglich sein, etwas zu zeigen, was man die *doppelte politische Gewalt* nennen könnte: Zunächst in dem Augenblick, wenn die Regierungen die soziale Unterstützung beschneiden und die Arbeitsbedingungen prekarisieren, wenn sie dafür sorgen, dass Arzneimittelkosten nicht mehr getragen werden usw., und ein weiteres Mal, wenn diese sogenannten Reformen eine ganz private Wirkung auf das Leben der Leute haben, wegen des Drucks, den du erwähnst. Bei jeder gegen die im Prekariat lebenden Schichten gerichteten Reform muss man erwarten, dass in ihrer Folge Eltern weniger verständnisvoll mit ihren Kindern umgehen, dass Liebende weniger zärtlich zueinander sein werden. Wenn mein Vater in meiner Kindheit wirtschaftlich weniger bedrängt gewesen wäre, hätte er vielleicht angesichts dessen, was er »unnormal« nannte, meiner Homosexualität, mehr Verständnis gezeigt. Wenn wir über politische Gewalt sprechen, denken wir niemals an diesen zweiten Aspekt der ökonomischen Gewalt, die Einwirkung der Politik auf das private Leben …

FRAGEN AN KEN LOACH UND ÉDOUARD LOUIS

Ich habe eine Frage bezüglich der Repräsentation. Ich arbeite für eine Organisation namens Hope not Hate. *Wir kämpfen gegen die Politik von Hass und Zurückweisung, wir unterhalten uns mit vielen Menschen, die genau mit den Problemen konfrontiert sind, die Sie beide in Ihrer Arbeit behandeln. Am häufigsten äußern die Leute das Gefühl, keine Stimme zu haben, nicht gehört zu werden, und meistens fühlen sie sich durch die Kultur des »politisch Korrekten« zensiert … Aber diese Erklärung entspricht ja genau derjenigen der populistischen Rechten, allerdings erkennen sich viele Leute in diesem Narrativ wieder wegen des Gefühls, von Regeln in den Schwitzkasten genommen zu werden, zu denen sie selbst nicht beigetragen haben. Meine Frage ist also die: Wie die eigene Stimme finden?*

KEN LOACH: Eine Möglichkeit dafür ist, sich einer kollektiven Organisation anzuschließen, zum Beispiel einer Gewerkschaft. Die anderen Mitglieder werden dann dieselben Probleme teilen, Sie können darüber reden und diese Probleme auf eine, sagen wir mal, wohlwollende Art in den Griff bekommen, ohne nur einfach ihre Vorurteile durch die rechte Presse anheizen zu lassen. Ich glaube, die Zugehörigkeit zu einer Gruppe, einer Gemeinschaft, einer Fußballmannschaft, was auch immer, egal zu welcher Organisation, in der sich die Leute zusammenschließen, ich glaube, das bringt das Beste zum Vorschein.

ÉDOUARD LOUIS: Ich glaube auch, eine Stimme lässt sich nur dann erheben, wenn es bereits einen Raum gibt, wo das möglich ist. Solche Räume können sehr verschieden sein, ein Film, eine Gewerkschaft, ein Verein, es kann ein Buch sein, ein Ort, eine politische Partei. Ich finde, Ken, deine Filme sind solche Räume, oder? Ich sehe deine Filme unter anderem als Räume, innerhalb derer es möglich ist zu sagen: »Ich habe gelitten, ich leide«, oder »Ich habe Menschen um mich herum leiden gesehen«. Und ich glaube, das zu schaffen, ist ziemlich schwierig. Als ich *Das Ende von Eddy* veröffentlichte, das Buch, in dem ich die Armut meiner Kindheit schildere, sowohl in dem Dorf, in dem ich aufgewachsen bin, wie in meiner Familie, da rief meine Mutter mich an und sagte: »Warum schreibst du, wir wären arm gewesen?« Ich sollte das nicht schreiben, sie schämte sich der Armut. Denn die Regierungen, die Herrschenden reden den Armen unablässig ein, sie seien selbst für ihre Armut verantwortlich, es sei ihre Schuld, weil sie nicht genug gelernt, nicht genug gearbeitet hätten ... Das führt dazu, dass Leute, die zu leiden hatten, nicht mehr sagen möchten, »Ich habe gelitten«, und das hat eine ganz erhebliche politische Wirkung. Wie soll man die Welt verändern, wenn die Leidenden sich des Leidens schämen? Und darum nicht mehr darüber reden mögen? In der Literatur und in der Politik wird häufig von »Opferhaltung« geredet, als würden die Leute zu viel jammern, als bestünde das Hauptproblem unserer Welt darin, dass die Leute sich systematisch als Opfer sähen. Der Begriff »Opferhaltung« ist eine rhetorische und politische Strategie der Herrschenden, um die Beherrschten mittels Scham und Schweigen kleinzuhalten. Mir scheint es notwendig, die Diagnose umzukehren: Wenn die Leute so viel leiden, wenn es so viel Armut, soziale Gewalt oder auch sexuelle Gewalt gibt, warum ist es so schwer zu sagen: »Ich bin Opfer von etwas gewesen, ich bin Opfer von etwas«?

Ich habe mehr als sieben Jahre mit Obdachlosen gearbeitet und möchte gern wissen, wie Sie die Situation der Obdachlosen in England sehen, einem der reichsten Länder der Welt. Kümmern sich die Regierungen genügend um diese Frage?

KEN LOACH: Hm, sie kümmern sich eher um den Immobilienmarkt. Die Obdachlosen sind ihnen egal. Die Vorstellung, der Markt würde allein durch sein Wachstum für mehr Wohnraum sorgen, ist natürlich ein Irrtum. Die Wohnungen werden ja nicht dafür gebaut, damit Leute in ihnen wohnen können, sondern um sie zu verkaufen und weil ihr Wert sich zu steigern verspricht. Heutzutage leben in England, Sie wissen das sicher noch besser als ich, rund 130 000 Kinder in provisorischen Unterkünften … Ich will da keine politische Partei ergreifen – nein, in Wirklichkeit will ich natürlich parteilich sein –, aber es ginge doch unbedingt darum, dass die Gemeinden Sozialwohnungen bauen, niedrigschwellige Zentren der Gesundheitsfürsorge oder Schulen … Genau das täte not. Dinge, die das Leben lebenswert machen, verstehen Sie? Ich denke, solche Infrastruktur zu schaffen ist die einzige Lösung, aber mit den vorhandenen Regierungen ist das unmöglich, das weiß man ja.

ÉDOUARD LOUIS: Die Situation in Frankreich ist ungefähr dieselbe. Überall sieht man Leute auf der Straße schlafen … Seltsam eigentlich, denn diese Form der Gewalt sticht doch total ins Auge, und auf der anderen Seite bewegt sie kaum noch jemanden. Das erinnert an das, was Ken gesagt hat: Die Herrschenden wissen, dass sie Gewalt ausüben. Für die Politik, aber auch für die Kunst, stellt sich also diese Frage: Welche Werkzeuge soll man einsetzen, wenn die sichtbare Not allein nicht mehr genügt, um diejenigen, die an der Macht sind, zur Reaktion zu zwingen? Wenn das Problem nicht darin besteht, etwas zu zeigen, wie es das Beispiel der Obdachlosen beweist, sondern darin, dafür zu sorgen, dass die Leute sich mit dem konfrontieren, was sie bereits wissen – aber lieber ignorieren?

KEN LOACH: Ich denke, wir müssten uns diejenigen, die an der Macht sind, vom Hals schaffen!

ÉDOUARD LOUIS: Ja, natürlich, sie zur Reaktion zwingen, das kann auch bedeuten, sie zu verjagen, da hast du recht!

KEN LOACH: Sie werden sich nie ändern.

ÉDOUARD LOUIS: So viel ist gewiss …

Ich wüsste gern, was Sie von der Rolle der Technologien in den sozialen Bewegungen halten, die seit Anfang der 2000er Jahre das Gesicht der Politik wirklich verändert haben, wie man es in Hongkong gesehen hat. In Chile. Mit der Extinction Rebellion. Das wäre meine erste Frage. Meine zweite Frage gilt der Rolle der Empathie. Denn Ihre Filme, Ken, haben mir immer die Möglichkeit gegeben, diejenigen zu verstehen, die ich nicht kannte …

KEN LOACH: Ich bin wohl nicht der Richtige für diese Frage, ich lasse mein Mobiltelefon meistens aus! Aber ich denke schon, dass die Technologie, das Internet, die sozialen Medien ganz sicher dazu beigetragen haben, Leute zusammenzubringen, die an denselben Kämpfen, denselben Ideen beteiligt sind. Ich glaube, das Problem besteht darin, dass all das nur eine Etappe sein kann, dass man sich hinterher wieder davon entfernen muss, sonst findet man nicht die Mittel, die es für eine konkrete Veränderung braucht. Es sei denn, man könnte die Kräfte analysieren, die uns in die Katastrophe führen, und wüsste, wie man gegen sie intervenieren, wie man vorgehen müsste. Meiner Meinung nach muss die Aktion eng mit einer politischen Analyse verbunden werden, und ich glaube, dass all das nur im Rahmen einer organisierten, geschlossenen politischen Bewegung möglich ist, ob jetzt einer Partei oder einer anderen Organisation, ich weiß nicht. Was England angeht, brauchen wir sicher eine Partei. Ich weiß, wir hatten mit den Parteien große Probleme – Labour ist das perfekte Beispiel dafür. Die Partei wurde von Leuten geführt, die für einen funktionierenden Kapitalismus sorgen und nur noch die Krümel einsammeln wollten, die auf dem Tisch blieben. In unserer scheinbaren Demokratie wurden die Interessen der Arbeiterklasse also ganz offensichtlich nicht gewahrt … Das hindert mich nicht an dem Glauben, dass politische Parteien notwendig sind. Was Ihre zweite Frage angeht, die nach der Empathie, übergebe ich dir das Wort, Édouard.

ÉDOUARD LOUIS: Nein, nein, mach du nur.

KEN LOACH: Nun ja, Empathie entsteht aus Solidarität, oder? In dem Augenblick, wo Sie imstande sind zu sagen: »Dieser Kampf ist nicht unbedingt meiner, er betrifft mich nicht direkt, aber ich trete aus Solidarität mit dieser Bewegung in Streik.« In dem Augenblick, wo Sie zu anderen sagen: »Okay, euer Streik, ihr habt absolut recht, die Probleme, die ihr angeht, werden uns irgendwann alle betreffen, es sei denn, wir schließen uns euch und eurem Kampf an. Und dann können wir unsere Kraft als Klasse einsetzen.«

ÉDOUARD LOUIS: Was die sozialen Medien angeht, bringen sie im Vergleich zu den traditionellen Medien ganz sicher eine neue Freiheit und Autonomie. Sie erlauben Gegendiskurse zu dem, was im medialen

Raum sonst zugelassen ist, auch wenn das ziemlich entgleisen kann … Sie ermöglichen eine Gegenmacht zum medialen Raum, und im Kampf gegen den Rassismus in den Vereinigten Staaten haben wir gesehen, wie wichtig das ist. Die Medien wurden dort mit den Bildern in den sozialen Netzwerken konfrontiert, die sie ansonsten nicht berücksichtigt hätten.

Und Ihre Position zur Empathie?

ÉDOUARD LOUIS: Das ist für mich nicht so leicht zu beantworten, weil ich meistens nicht mit diesem Begriff denke, er ist mir etwas zu abstrakt. Ich interessiere mich eher für die Konfrontation, von der ich eben sprach; wie dafür sorgen, dass die Leserinnen und Leser sich wirklich mit der Realität, die man ihnen zeigt, konfrontieren? Und nicht den Blick abwenden wie angesichts der Obdachlosen auf der Straße? Das ist eine ebenso formale wie politische Frage, vielleicht übrigens vor allem eine ästhetische Frage: Wenn alle Zugang zur Realität haben, wenn mehr oder weniger alle wissen, dass es Armut gibt, soziale Gewalt, Rassismus, wie dafür sorgen, dass die Leute sich wirklich damit konfrontieren und dass in ihnen der Wille zur Veränderung erwacht? Die Zeiten, da die Literatur – oder der Film – eine Realität vermittelten, von der niemand etwas wusste, sind fast vollständig vorbei, obwohl es natürlich immer noch Dinge gibt, die wir nicht wissen. Zola schrieb, um das Leben der Fabrikarbeiter oder Bergleute zu zeigen, Sartre schrieb, um das Leben der Prostituierten oder der Homosexuellen sichtbar zu machen, er hat sich übrigens häufig zu diesem literarischen und politischen Faktor geäußert, dem Sichtbar-Machen … Und jetzt ist dank der neuen Medien, von denen wir eben sprachen, dank der Technologien alles sichtbar oder so gut wie. Es geht also nicht mehr um das Aufzeigen, sondern um die Konfrontation – ich halte das für einen sehr wichtigen Wandel: Wie sähe eine Ästhetik der Konfrontation aus?

DIALOG II

Politik und Transformation

KEN LOACH: Wir müssen über den Aufstieg der extremen Rechten reden, das ist eine schwere Bedrohung, und ich denke, hier verstecken sich hinter populistischen und nationalistischen Diskursen die Interessen der großen Konzerne. Wir befinden uns in einem kritischen Augenblick. Wie kann und soll die Linke reagieren? Wie ist es der Rechten gelungen, sich derart festzusetzen? Jetzt, zu Beginn des 21. Jahrhunderts, sehen wir Vox in Spanien, Marine Le Pen in Frankreich, in Italien Salvini, Bolsonaro in Brasilien, auch in Polen gewinnt die extreme Rechte immer mehr Gelände … Édouard, wie erklärst du dir dieses beunruhigende politische Phänomen, zumal in Frankreich, und was meinst du, wie sollte die Linke reagieren? Na, das ist mal eine einfache Frage!

ÉDOUARD LOUIS: Sehr einfach! Nein, im Ernst, das ist ein sehr komplexes und besorgniserregendes Phänomen. Ich kenne viele Leute, die bei den letzten

Wahlen für die Rechtsextremen gestimmt haben. Das heißt, gewissermaßen habe ich dieses Phänomen physisch erlebt, körperlich begriffen, bevor ich mich soziologisch und politisch dafür interessiert habe, wie wir es jetzt tun. Mein Vater gab rechtsextremen Politikerinnen und Politikern seine Stimme, ebenso wie ein Großteil meiner Familie. Und erstaunlich, diese Leute lieferten fast jedes Mal, wenn sie das taten, eine Erklärung dafür mit – was selbstverständlich leider nicht bedeutet, dass diese Erklärung zufriedenstellend gewesen wäre. Wenn mein Vater oder ein anderer meiner Angehörigen Rechtsextreme wählte, sagte er oder sie: »Den Linken sind wir völlig egal, die reden nicht über uns«, um dann hinzuzufügen, die Rechtsextremen seien die Einzigen, die sich um sie kümmerten, um sie, »die kleinen Leute«, »die Arbeiter«, »Leute wie uns«. Diese Empfindung, unsichtbar zu sein, war sehr stark, meine Mutter sagte es so gut wie jeden Tag: »Die Politiker pfeifen auf kleine Leute wie uns.« Vor allem hatte sie das Gefühl, in den Diskursen der fortschrittlichen Linken überhaupt nicht vorzukommen, also ausgerechnet derjenigen, von denen man erwartet hätte, dass sie uns verteidigen und für uns kämpfen.

Didier Éribon hat dieses Phänomen in seinem Buch *Rückkehr nach Reims* analysiert. Seit Ende der 90er, Anfang der 2000er Jahre hat ein großer Teil der einfachen Leute in Frankreich das Gefühl, nur noch die Rechtsextremen würden sie repräsentieren, von ihnen reden, ihre Existenz wahrnehmen, ihre Körper und ihre Probleme. Dieser Umschwung hängt mit der politischen Geschichte zusammen, damit, dass die herkömmlichen linken Parteien die Armen immer mehr aus ihren Reden haben verschwinden lassen, das ökonomische Prekariat, die soziale Gewalt: der französische Parti Socialiste, die SPD in Deutschland, die Labour Party in England, in einem anderen Maß auch die Demokraten in den Vereinigten Staaten … Es ist übrigens interessant zu sehen, dass die verschiedenen Parteien in den verschiedenen Ländern mit ihren verschiedenen Kulturen einen doch weitgehend identischen politischen Weg zurückgelegt haben: das Verschwinden der einfachen Leute aus ihren Diskursen und ihren politischen Bemühungen. Allerdings halte ich das nicht für die einzige Erklärung, denn in all den Ländern, wo die gemäßigte Linke das Prekariat im Stich gelassen hat, gibt es doch auch radikalere linke Parteien: Warum gelingt es ihnen dann nicht, diese Wählerschichten zu binden? Warum erleben sie nicht denselben rasanten Aufstieg wie die Rechtsextremen? Ich glaube, den linken Parteien fällt es schwer, ihre Denkmuster zu überarbeiten: Wie zum Beispiel verbinden sie die Frage der Klassenzugehörigkeit mit der Frauenfrage? Der Feminismus von der Mitte des 20. Jahrhunderts hat immer noch seine Auswirkungen, und so ist es meiner Mutter, einer Frau aus dem Proletariat, anders als ihrer eigenen Mutter bewusst, dass sie eine Frau ist und dass diese soziale Situation bestimmte politische Folgen hat. Zum Beispiel weiß sie, dass sie jahrelang einen gewalttätigen Ehemann verlassen wollte, es aber nicht tun konnte, da der Staat ihr keinerlei soziale Unterstützung dabei anbot, getrennt von ihrem Mann ein eigenes Leben aufzubauen, da sie keine Zeugnisse und keine Berufserfahrung hatte, denn ihr Leben lang hatte sie Kinder aufgezogen, und mein Vater sagte zu ihr, es gehöre sich für sie als Frau eben, zu Hause zu bleiben. Und wie ich dir vorhin erzählt habe, als ich in *Das Ende von Eddy* versuchte, über den Rassismus, die Homophobie und die männliche Dominanz in den populären

Klassen zu schreiben, da entgegnete diese alternde Linke, vor allem in Form von Attacken in der Presse: Édouard Louis will die kleinen Leute stigmatisieren. Dabei war das Gegenteil der Fall, ich sprach ja auch von den Frauen in diesen Klassen, von den Schwulen und Lesben, von den Nicht-Weißen. Das ist keine Stigmatisierung, sondern es bedeutet, noch mehr Leute in diese Kategorie der »unteren Schichten« einzubeziehen, also der Menschen, die innerhalb dieses Milieus möglicherweise noch mehr leiden als andere. Solange die Klassenanalyse ausschließlich auf dem Bild von einer geschlossenen, authentischen, männlichen und weißen Gemeinschaft fußt, wird die Linke niemals eine politische Dynamik entwickeln können und werden immer die Rechtsextremen Oberhand behalten – die ihrerseits sehr gut begreifen, dass es innerhalb der unteren Schichten Brüche gibt, dass diese Klassen Räume sind, innerhalb derer Kämpfe stattfinden. Und diese Brüche nutzen sie trickreich für ihre Zwecke aus: Die Schwarzen nähmen den Weißen die Arbeit weg, die Homosexuellen wollten den Familien ihre Lebensweise aufzwingen usw.

Wie dringend es ist, dass die Linke ihren Diskurs

erneuert, zeigt sich auch im Verhältnis zur Arbeit: Häufig redet die Linke weiterhin von Produktivität, Schaffung von Arbeitsplätzen usw. Aber die Erwartungen der Leute haben sich gewandelt. Das sieht man in deinem Film *Sorry We Missed You*. Der Sohn, er ist um die 14, 15 Jahre alt, will nicht mehr so arbeiten wie sein Vater, nicht mehr ausgebeutet werden wie er, nicht mehr von einem Chef herumkommandiert werden. Für mich ist dieser Widerwillen gegenüber der Arbeit – auch wenn er schon immer existiert haben mag – ein hochinteressantes zeitgenössisches Phänomen, und er ist eine gute Sache. Viele Leute wollen nicht mehr so arbeiten wie bislang und sich auch nicht mehr auf dieselbe Weise ausbeuten lassen, das ist der in *Sorry We Missed You* sichtbare Umschwung. Mein Vater sah die Arbeit noch als einen Wert an sich an, meine Anfang der 2000er Jahre geborenen Geschwister haben schon begriffen, dass das der Diskurs der auf Ausbeutung erpichten Herrschenden war. Der Grund für den Erfolg neuer Unternehmen wie Uber, jedenfalls einer der Gründe, besteht darin, dass die Leute ohne Vorgesetzte arbeiten und ihre Arbeitszeiten selbst bestimmen können, ohne Befehle zu erhalten usw., und manchmal ist es ihnen lieber, mit diesen Freiheiten zu arbeiten, auch wenn sie dann weniger verdienen. Dieses moderne Misstrauen gegenüber der Arbeit in ihrer traditionellen Form und gegenüber den Hierarchien ist ein Phänomen, das die Linke aufgreifen müsste, statt immer noch für eine Rückkehr zu den alten Formen der Arbeit zu kämpfen und zu sagen, »Nein, Uber ist schlecht, das ist von Übel«, usw. Viel eher müsste man sich fragen: Wie lässt sich diese neue Form von Arbeit mit sozialen Rechten, mit sozialem Schutz vereinbaren? Leider wird dieses Thema heute ausschließlich von den Rechten aufgegriffen, die diese Transformation der Arbeit interessant finden: keine Verträge mehr, keine Verpflichtungen mehr für die Besitzenden, keine sozialen Rechte mehr, usw. Findest du nicht auch, dass es eine grandiose Chance für uns wäre, die Sprache der Linken zu verändern?

KEN LOACH: Ja, unbedingt. Die Linke ringt seit Jahren vor allem darum, dass die Unternehmen funktionieren, statt für die Arbeitnehmer zu kämpfen, für ihre Sicherheit und ihre Einkommen. Ich finde es sehr interessant, was du da eben über die Arbeit gesagt hast, hier in England nennen sie das »Flexibilität«.

ÉDOUARD LOUIS: Genau, genau das ist die Sprache der Rechten, und genau darum müssen wir die Dinge neu denken.

KEN LOACH: Es könnte ja funktionieren, aber nur, wenn die Flexibilität für beide Seiten gälte. Man könnte morgens nach dem Aufwachen den Chef anrufen und sagen: »Tut mir leid, heute komme ich nicht arbeiten, ich habe gerade keine Lust. Aber bezahlt werden will ich trotzdem« ... Wie man sieht, funktioniert die Flexibilität im Moment nur für die Interessen des Arbeitgebers ... Und ich finde, diese Funktionsweise kann attraktiv sein, solange du jung bist, wenn du noch ein distanziertes Verhältnis zur Arbeit hast, aber hast du erst mal eine Familie und musst Rechnungen bezahlen, dann brauchst du ein geregeltes Einkommen. Und das gibt es nicht ohne geregelte Arbeit.

ÉDOUARD LOUIS: Aber das ist doch nur so, weil diese Flexibilität innerhalb des falschen Systems funktioniert, oder? Wie wäre es denn, Flexibilität durch Freiheit zu ersetzen? Durch ein System, das den Leuten soziale Garantien bieten würde, Schutz, aber in dem die Arbeit nicht mehr ausschließlich in Zusammenhang mit Heim und Herd gedacht würde? Wäre das nicht möglich, was denkst du?

KEN LOACH: Ja, warum nicht. Vielleicht mit Hilfe von Kooperativen und Arbeitskollektiven.

ÉDOUARD LOUIS: Zum Beispiel!

KEN LOACH: Aber diese Transformation würde ein ganz neues, in sich zusammenhängendes System erfordern, ein als Ganzes gedachtes. Das große Problem der Linken, namentlich in England, ist leider, dass sie sich allzu lange mit den Interessen der Arbeitgeberseite identifiziert haben. Aber es stimmt, auch in England spürt man in den letzten Jahren einen gewissen Wandel, durch die Wahl von Jeremy Corbyn an die Spitze der Labour Party hat diese Partei eine vollständige Wende beschrieben. Sie fing an, über das Recht auf Arbeit zu reden, über Zugang zu Gesundheitsfürsorge, das Recht, im Krankheitsfall operiert zu werden, zum Beispiel, ohne monatelange Warterei ... Über soziale Schutzmechanismen, darüber, sich auf würdige Weise um die Alten zu kümmern. Ein Mindestlohn für alle, der schlicht und einfach erlauben würde zu leben. Oder auch Gedanken daran, den Planeten zu schützen und den Klimawandel aufzuhalten. All diese Themen kamen wieder an die Oberfläche und beschäftigen die Linke erneut. Ein anderes Problem sind die Lügen- und Verleugnungskampagnen gegen die Linke, sobald sie versucht, Veränderungen ins Werk zu setzen. Das ist sehr heftig, und es wird systematisch betrieben. Aber auf eine Weise pflichte ich dir bei, wir müssen eine neue Sprache erfinden, und zwar um wirklich die Forderungen und Hoffnungen der Leute neu zu interpretieren.

ÉDOUARD LOUIS: Ja, denn eine neue Sprache zu erfinden bedeutet, neue Leute und neue politische Themen zu erfinden. Ich habe so oft Männer aus dem Prekariat erlebt, wie meinen Vater, die zugleich extrem brutal über Homosexuelle sprachen, aber Schwule gegen konkrete Angriffe verteidigten. (Das ist übrigens wahrscheinlich ein Klassenunterschied zwischen den Herrschenden und den Beherrschten, der Hass der Herrschenden ist ideologisch und damit unveränderlich, während der Hass der Beherrschten häufiger ein sprachlicher Automatismus ist und dadurch etwas, das leichter bearbeitet werden kann.) Es ist eben so, die Menschen um uns herum tragen häufig mehrere Möglichkeiten in sich, mehrere innere Persönlichkeiten, und was sie sagen und tun, hängt darum sehr stark von dem Diskurs ab, der im öffentlichen Raum vorherrscht. Hatte mein Vater zwei Männer zugleich in sich, einen, der sagte, »wir müssen uns die Schwulen vom Hals schaffen«, und einen zweiten, der einen angegriffenen Schwulen verteidigt, dann wird in einem von Rechtsextremen beherrschten Kontext die erste Persönlichkeit umso stärker durchdringen und die zweite verschüttet bleiben (ich wähle diese persönlichen Beispiele nicht, um über meine Familie als solche zu reden, sondern weil ich diese Perspektive richtiger und näher an der Wahrheit finde). Dank der ihnen innewohnenden Pluralität werden die Individuen in einem anderen politischen Kontext zu anderen Individuen. Darum ist der Diskurs der Linken so wichtig, denn ein isoliertes Individuum lässt sich so gut wie gar nicht verändern, dafür ist es paradoxerweise möglich, Individuen kollektiv zu transformieren, indem man die Sprache des öffentlichen Raumes transformiert, denn diese Transformation ist wegen der Pluralität der Daseinsmöglichkeiten jedes Individuums potenziell immer möglich.

KEN LOACH: Ich finde das sehr gut gesagt. Du zeigst die widersprüchlichen Triebkräfte der Leute auf, und ich finde, das illustrierst du auch in deinen Büchern sehr präzise. Du zeigst, wie dieselbe Person zugleich großherzig und irrational hart und brutal sein kann, und auch, dass diese Person selbst gar nicht immer versteht, warum sie sich so brutal verhält. Wir haben alle solche widersprüchlichen Elemente in uns, das ist, glaube ich, sehr wahr. Und genau darum wollen wir ein System, das das Beste aus den Leuten rausholt.

ÉDOUARD LOUIS: Ja. Darum kann man, wenn man die Linke stärkt, die Beziehungen zwischen den Einzelnen verändern, und das ist nicht nur politisch, dieses Phänomen hat auch Auswirkungen auf das ganz private Leben: Wie verhalten wir uns zu den anderen? Welche Diskurse leiten unsere Handlungen? In einem Land, wo die Linke gegen Homophobie kämpft, wäre ein Vater vielleicht weniger hart zu seinem schwulen Sohn, würde ihn mehr lieben, wäre zärtlicher. Politik bedeutet auch die Möglichkeit von Liebe.

KEN LOACH: Und wieder finde ich, all das hängt mit dem Sicherheitsgefühl zusammen, nicht wahr? Wenn du dich in Sicherheit fühlst, kannst du großherzig sein. Wenn du keine persönliche Bedrohung verspürst, kannst du dich umso leichter denjenigen zuwenden, die Hilfe benötigen, sei es, dass sie Asyl suchen oder aus einem anderen Grund, aus eigentlich jedem Grund, mit dem sie eine Gemeinschaft konfrontieren mögen. Wer sich wohlfühlt, kann großzügig sein. Wenn du Angst hast, dich in Gefahr siehst, hoffnungslos bist, in den Zynismus getrieben wirst, dann wehrst du die anderen ab.

ÉDOUARD LOUIS: Aber wie deutest du dann die Tatsache, dass die Herrschenden sich in Sicherheit befinden und dennoch abweisend sind?

KEN LOACH: Weil sie ihre Sicherheit nur aufrechterhalten können, indem sie alle anderen unterdrücken!

ÉDOUARD LOUIS: Diese Antwort hatte ich erwartet!

KEN LOACH: So halten sie ihr Reich unter Kontrolle, nicht wahr? Indem sie dafür sorgen, dass die Eingeborenen an ihrem Platz bleiben. Sie können sich Großzügigkeit nicht leisten, denn ihr Reichtum beruht auf dem Elend der anderen. Darum brauchen wir eine andere Art von Gesellschaft, eine, die auf Gleichheit und Solidarität beruht, auf der Freiheit.

ÉDOUARD LOUIS: Was glaubst du, warum kommen die Themen, die du jetzt ansprichst, heutzutage so wenig im öffentlichen und medialen Raum vor? Im Grunde scheinen die Rechten und die Rechtsextremen nicht nur bei den Wahlen zu gewinnen, wie wir es gesehen haben, sondern auch, was den Diskurs angeht. Die Gedanken der Rechten sind überall in den Medien präsent, und statt ihre eigene Sprache zu prägen, reagiert die Linke seit ein paar Jahren nur noch, geht nur noch auf die Fragen und die Sprache der Rechten ein. Eine bemerkenswerte Kehrtwende im Vergleich zu den 1960er und 1970er Jahren, finde ich: Zu der Zeit bestimmte die Linke die Debatte und die diskutierten Fragen, die sexuelle Befreiung, das Recht auf Abtreibung, das soziale Sicherheitsnetz. Heute scheint das genaue Gegenteil vorzuliegen, alle Welt scheint nur noch über die Gedanken der Rechten zu sprechen. Irgendein Rechter braucht nur irgendeine Idiotie von sich zu geben, schon wird sie in den Medien und in den sozialen Netzwerken rauf und runter besprochen … Als ob in den Gehirnen eine Faszination für die Rechte herrschen würde.

KEN LOACH: Das trifft absolut zu.

ÉDOUARD LOUIS: Die Linke wird auch dann Einfluss gewinnen, wenn sie anfängt, das Schweigen zu nutzen. Wenn sie es lernt, das laute Geschrei der Rechten zu ignorieren und ihre eigenen Fragen zu stellen, in ihrer eigenen Sprache, statt unablässig nur auf die Fragen der Rechten zu reagieren –, wenn sie sich also nicht mehr in der Sprache der Rechten einsperren lässt. Das Schweigen ist eine interessante politische Waffe, denn es ist das Gegenteil der Zensur: Wir hindern euch nicht daran zu sprechen – sagt ruhig, was ihr wollt –, aber wir lassen uns nicht mehr in eurer Sprache einsperren, wir reagieren nicht mehr.

KEN LOACH: Genau. Und die Verbreitung der rechten Gedanken liegt auch daran, dass wir hier in England in einem Land mit einer rechtsextremen Presse leben. Bei uns ist ein großer Teil der Presse rechtsextrem. Und anders als das, was in den sozialen Medien vor sich geht, wird auch der öffentliche Diskurs weitestgehend von rechtsextremen Ideen beherrscht. Die Folge ist, wenn jemand aus der Linken Ideen äußert und vorschlägt, werden diese überhaupt nicht wahrgenommen, sondern die Medien verlangen von der Linken nur noch, die rechtsextremen Ideen zu kommentieren. Der Mechanismus, der dahintersteckt, ist offensichtlich. Die englische Presse – und ich weiß nicht, ob das auch in Frankreich gilt – befindet sich im Besitz von sehr reichen Leuten, die nicht in England leben. Ihnen gehört die Presse, sie wollen uns vorschreiben, was wir zu denken haben. Ich finde, dagegen müsste politisch vorgegangen werden. Nicht, um die Pressefreiheit zu verteidigen, wie oft zu hören ist, sondern um die Pressefreiheit neu zu erschaffen.

ÉDOUARD LOUIS: Das ist eine sehr schöne Idee. Nicht verteidigen, sondern neu erschaffen.

KEN LOACH: Denn diese ganze Frage ist eng mit der Frage der Linken und ihrer Wiederherstellung verbunden.

FRAGEN AN
KEN LOACH UND
ÉDOUARD LOUIS

Ihrer beider Arbeit stellt Protagonisten aus dem Proletariat auf die Bühne. Ken, ich denke, der enorme Erfolg von Kes *verdankt sich der Tatsache, dass der Film in dieser Hinsicht seit den 1970er Jahren eine Art Referenzstatus erlangt hat. Aber kann Ihre Arbeit unter den gegenwärtigen Bedingungen dieselbe Wirkung haben wie damals? Ist Ihre Arbeit immer noch ebenso zugänglich, könnte schlicht und einfach ein Kind aus dem Proletariat Ihre späteren Filme sehen, wie* Ich, Daniel Blake *oder* Sorry We Missed You*? Und Sie, Édouard, glauben Sie, Ihre Bücher erreichen eine Leserschaft im Proletariat wie seinerzeit in den 80ern der Film* Kes*?*

ÉDOUARD LOUIS: Ich glaube, keine Künstlerin, kein Künstler sollte jemals etwas für gesichert ansehen, alle müssen wir immer wieder versuchen, unsere Meinungen und Kämpfe zu verbreiten, sie sichtbar und hörbar zu machen. Und ich glaube, darum ist es wichtig, dass die Künstler auf die Straße gehen, demonstrieren, politisch Position beziehen, sich engagieren und zum Beispiel in Gymnasien oder Universitäten auftreten. Ich sehe das nicht als zusätzliche Aktivitäten neben dem kreativen Akt, sondern vielmehr als eine generelle Ethik, als etwas, das zur Kreation dazugehört –, eine großzügige Ethik, eine Ethik des Kampfes, die darin besteht, an möglichst vielen Orten die richtigen Ideen anzubringen. Wenn ich im Gymnasium auftrete oder mich an einer sozialen Bewegung beteilige, dann lerne ich nicht nur sehr viel, sondern ich habe zugleich die Möglichkeit, Ideen an Orte und in Klassen zu transportieren, die für gewöhnlich von der Literatur ferngehalten werden. Für mich besteht die richtige Ethik der Kunst darin, die Kunst dort leben zu lassen, wo sie gewöhnlich nicht vorhanden ist –, wie es zum Beispiel Ariane Mnouchkine für das Theater hatte erreichen wollen. Ken, du hast vorhin gesagt, den Reichen sind die Armen wurst, sie sind nur reich, weil andere arm sind, und dasselbe passiert in der Kunst und der Kultur. Manche Leute haben zur Kultur Zugang, zur bildenden Kunst, dem Kino, der Literatur, weil andere diesen Zugang nicht haben, und diejenigen, die das kulturelle Kapital besitzen, legen Wert darauf, dass andere nicht oder jedenfalls so wenig wie möglich darüber verfügen –, das ist das, was Pierre Bourdieu *Distinktion* nannte. Die fortschrittlichen Kräfte müssen die Kultur und deren System wieder in Frage stellen, sich von den naiven Diskursen über die Kultur befreien, »die uns vereint«, die uns »die Augen öffnet«, die uns »wachsen lässt« usw. Die Definition der Kultur – der legitimen Kultur – besteht jetzt vor allem in der drastischen Trennung jener, die Zugang zu ihr haben, von jenen, denen er verwehrt bleibt, oder?

KEN LOACH: Was den Film angeht, glaube ich, man erlebt etwas wie *Kes* nur ein einziges Mal in einer künstlerischen Laufbahn, ein einziges Werk, das so sehr bleibt und sich so weit verbreitet wie dieser Film. Aber für die beiden anderen Filme, die Sie erwähnen, *Ich, Daniel Blake* und *Sorry We Missed You*, haben wir Vorführungen für Gemeinschaften organisiert, die weniger Zugang zu Filmen, zum Kino hatten, der Film wurde in Gewerkschaftssälen gezeigt, sogar in Kirchen oder in kleinen Räumen im Kellergeschoss von Pubs, also Orten, wo man die

Filme umsonst sehen konnte; oder aber wir haben die Abendkasse für eine politische Kampagne oder wohltätige Zwecke gespendet, das Ganze in Regionen und Städten, deren Bewohner nicht in experimentelle Filme gehen –, ob nun ein entsprechendes Kino in der Nähe ist oder nicht. Als *Ich, Daniel Blake* herauskam, gab es fast siebenhundert Vorführungen dieser Art. Das war absolut neu, so was war noch nie da gewesen, Sie verstehen, also dass ein Film außerhalb der Kinos gezeigt wurde, das ist großartig. Dasselbe haben wir mit *Sorry We Missed You* gemacht.

Worin besteht aus Ihrer Sicht der Wert der Kunst, vor allem in politischen Krisenzeiten?

KEN LOACH: Der Wert der Kunst? Zunächst mal muss Kunst alles sein können, was sie will. Alles, was die Phantasie hervorbringt, finden Sie nicht? Ich glaube, sobald Sie sagen, »die Kunst müsste dies sein, die Kunst müsste das sein«, in dem Augenblick töten sie die Kreativität ab. Und stehen mit restlos kommerzieller Kunst da. Aber ich denke, wenn Sie das Glück haben, Filme zu machen, Bücher zu schreiben oder sonst etwas anderes zu erschaffen, dann können Sie Prinzipien verteidigen, Lebensweisen. Die großen Werte von Gleichheit, Brüderlichkeit oder Freiheit. Sie können sagen, schaut mal, getreu diesen Prinzipien sollten wir leben.

ÉDOUARD LOUIS: Ich finde, wir sollten uns der Kunst gegenüber immer eine Art Misstrauen bewahren, nämlich das Gegenteil des Diskurses der Herrschenden über die Kunst als etwas, das unsere Gesellschaften benötigen. Denn meistens dient eine solche Äußerung wie »Wir brauchen die Kunst« nur dazu, eigene Privilegien zu verteidigen, den Zugang und die Beziehungen der eigenen gesellschaftlichen Schicht zu Kunst, im Gegensatz zu den barbarischen Massen, die sich angeblich nicht dafür interessieren. Je härter und kritischer wir gegenüber der Kunst sind, umso besser wird die Kunst sein, glauben Sie nicht? Die Kunstgeschichte ist in Wirklichkeit die Geschichte einer polemischen Auseinandersetzung mit der Kunst, nur so kommen die Dinge voran. So lange wurden die Armen von Film und Literatur ausgeschlossen oder lediglich als Karikaturen dargestellt, und die Schwarzen, Homosexuelle oder Transgender ebenso, zu Zeiten, in denen die Kulturbourgeoisie bereits ihre Reden über die Wichtigkeit der Kunst und ihrer Fähigkeit führten, uns zu verbessern. Indem Toni Morrison über Schwarze schrieb oder Émile Zola über Arme, war das in Wirklichkeit ein Angriff auf Kunst und Literatur, ein Angriff auf die dominierende Definition der Literatur zu der Zeit ihres Schreibens. Sie werden immer als literaturgeschichtlich bedeutende Autoren hingestellt, aber sie haben auch gegen die Literatur angeschrieben – sogar wenn sie literarische Modelle und Vorbilder hatten, Victor Hugo für Zola oder Zora Neale Hurston für Toni Morrison. Kunst entsteht aus einer Art Wut auf die Kunst, nicht wenn sie als Selbstbefriedigungsinstrument der herrschenden Klassen dient.

KEN LOACH: Das ist so wichtig! Ein von diesem oder jenem Unternehmen gesponsertes Museum wollen wir als Allerletztes. Kunst muss subversiv sein. Wenn Sie nicht ein entsprechendes Wutlevel in sich verspüren, dann bleiben Sie doch besser zu Hause, oder?

ÉDOUARD LOUIS: Ja!

KEN LOACH: Es muss darum gehen, dass man sich verbindet, mit den Gefühlen der Leute verbindet, und da der Hauptpfeiler radikaler Politik im Kampf besteht, lernen wir durch den Kampf, erschaffen wir durch den Kampf. In dem Punkt hast du vollkommen recht, Édouard, in der Kulturwelt gibt es ein Establishment, in der Literatur, im Film und im Theater.

ÉDOUARD LOUIS: Genau. Und manchmal übt das kulturelle Kapital eine noch stärkere Gewalt aus als das ökonomische Kapital, da die Kulturbourgeoisie sich selbst auf der Seite der Guten in der Welt sieht, eben wegen ihrer Verbindung zur Kultur. Auch das muss in Frage gestellt werden.

KEN LOACH: Ich bin so froh, das zu hören.

Meine Frage richtet sich eher an Édouard. Sie schreiben oft, wie wichtig es Ihnen ist, die Leserinnen und Leser mit Gegebenheiten zu konfrontieren, indem Sie ihnen Unwohlsein bereiten, sie in Frage stellen. Warum muss das so ein Gegensatz dazu sein, die Leute zu inspirieren?

ÉDOUARD LOUIS: Sie haben recht, das sind nicht zwei einander entgegengesetzte Haltungen, sondern ein und dasselbe Vorgehen. Die Kunst muss die Welt unerträglich machen, indem sie zeigt, wie unerträglich die reale Welt ist, und indem sie das zeigt, kann sie den anderen genügend Energie und Inspiration vermitteln, um die Welt erträglicher, schöner zu machen. Ich fand die schwierigsten, brutalsten Bücher, die brutalsten Filme immer irgendwie die schönsten. Es ist fast mysteriös, wie so harte und gewalttätige Bücher wie Toni Morrisons *Beloved* zum Beispiel, in dem sie die Sklaverei in den Vereinigten Staaten schildert, eine derartige Schönheit entfalten können? Das ist bestürzend. Es liegt nicht nur an der Sprache oder der Poesie von Toni Morrison. Sondern daran, dass ein Werk wie dieses etwas Wirkliches, Wahres zeigt und das Wirkliche ansonsten die meiste Zeit unter irgendwelchen Diskursen begraben ist, unter staatlichen Lügen, Ideologien, Populismen, Irrtümern, und wenn wir dann mit etwas

Wirklichem konfrontiert werden, verspüren wir eine Art Erleichterung: Ah! Endlich was Reales! Gilles Deleuze sagte, die Aufstände im Mai ’68 seien nicht schön gewesen, weil sie Träume oder Utopien transportierten, sondern weil sie etwas Wirkliches erscheinen ließen – Wünsche, den Wunsch, besser zu leben, die Sexualität auszuleben, anders zu leben. Historisch gesehen haben beispielsweise der Marxismus oder die Schwulenbewegung keine schönen Reden gehalten, sondern von Ausbeutung gesprochen, von Gewalt, Homophobie, und indem sie diese Realitäten ans Licht brachten, gelang es ihnen, ein klein wenig mehr Schönheit herzustellen, oder immerhin weniger Hässliches im Leben der LGBT oder der Arbeiter. So sehe ich auch deine Filme, Ken. Ich finde sie schön, denn sie sind traurig und brutal, und so traurig und brutal ist die Wirklichkeit eben. Das Reale sehen, wie es ist, das gibt mir Kraft.

KEN LOACH: Aber – also ich hoffe, es sieht jetzt nicht so aus, als wollten wir beide einander nur schmeicheln –, aber trotzdem, die zärtlichen Momente in deinen Büchern sind besonders inspirierend. Wenn ich darüber nachdenke, dann gibt es Momente der Großzügigkeit und der Zärtlichkeit in dem, was du schreibst, die sind sehr inspirierend.

ÉDOUARD LOUIS: Oh ja, du hast recht! Manchmal vergesse ich, von dieser Dimension zu sprechen, ich rede über traurige Dinge, aber manchmal vergesse ich, das Zärtliche zu erwähnen, du hast recht.

Ich hätte eine Frage zu den Orten und Räumen. Was wäre für Sie ein sicherer Raum für Minderheiten, denen es zum Beispiel schwerfällt, sich ins Schulsystem zu integrieren?

KEN LOACH: Die Vorstellung, die Welt wäre gefährlich und man müsste Räume schaffen, in denen die Leute sich in Sicherheit fühlen, diese Vorstellung ist eine Sackgasse. *Sämtliche* Räume müssten Sicherheit bieten. Wenn die Leute sich wohlfühlen, so sagten wir es vorhin, dann sind sie tolerant. Aber das verlangt, das Alltagsleben insgesamt neu zu denken: Wie sollen die Leute arbeiten, wie sollen sie sich entspannen usw.

ÉDOUARD LOUIS: Interessant, dass du von Sicherheit sprichst, Ken, denn dieses Thema wird häufig mit den Konservativen, den Rechten zusammengebracht, die ihre politischen Projekte meistens als Fragen der Sicherheit formulieren – mehr Polizei, mehr Soldaten, schärfere Gesetze und Strafen. Ich finde es ein schönes Programm, von linker Sicherheit zu sprechen im Sinne von sozialer Sicherheit, Sozialhilfen, dem Recht auf Arbeit und den Rechten von Minderheiten.

KEN LOACH: Ja, der Begriff »Sicherheit« hat immer zwei Seiten. Auf jeden Fall bringt uns dieses Thema zu einer Feststellung: Wir befinden uns in einem kritischen Moment. Wir kämpfen um eine radikale und fortschrittliche Art des Zusammenlebens. Und du benennst sehr klar und deutlich die Gründe, warum wir das brauchen. In Frankreich und England sieht es relativ anders aus als in unseren Nachbarländern, denn bei uns gibt es immer noch linke Volksparteien, die große Veränderungen bewirken könnten. Die Frage ist nur, ob das stattfinden wird oder nicht und welche Folgen unsere Entscheidungen haben werden. Wir dürfen nicht aufhören, wir dürfen die Hoffnung auf ein besseres kollektives Zusammenleben nicht aufgeben. Ich weiß, »Zusammenleben«, das ist ein komplizierter Begriff, aber ich bin sicher, dass er einen politischen Inhalt besitzt, in dem es um die Art und Weise geht, wie wir unser Leben in der Gesellschaft organisieren. Worin könnte das Gemeinwohl bestehen?

ÉDOUARD LOUIS: Veränderungen werden ebenso stark durch gesellschaftliche Bewegungen wie durch die Kunst und Wahlen bewirkt. Hingegen glaube ich nicht, dass es darum geht, auf das Gemeinwohl abzuzielen, sondern wir müssen die Brüche, die Gegensätze aufsuchen, die Spannungen, denn die gibt es ja manifest. Das Wohl der Beherrschten wird möglich sein, gegen das, was die Herrschenden als ihr Wohl ansehen. Und das ist nicht das Gemeinwohl, sondern die Verbesserung der Lebensbedingungen jener, die leiden, gegen jene, die alles besitzen.

KEN LOACH: Aber ließe sich das nicht ändern, der Zustand, dass sie alles besitzen? Ihnen klarmachen, dass sie teilen müssen?

INHALT

Die Autoren danken Al Jazeera
und dem Team von
»Studio-B, Unscripted«,
die diesen Dialog ermöglicht haben.